भावनाएं

कविताओं में मन के इंद्रधनुषी अफसाने

डॉ मुकेश अग्रवाल

अनुक्रम

भाग 4: नकारात्मक भावनाओं का प्रभाव (47-57)

भाग 5 संघर्ष और पीड़ा (58-67)

भाग 6: कृतज्ञता, क्षमा और सकारात्मकता (68-78)

भाग 7: आत्मिक जागरूकता एवं अनुभूतियां

मन की बात

जीवन की यात्रा में मन के अनगिनत रंग होते हैं, जैसे इंद्रधनुष में हर रंग का अपना महत्व होता है। मन की भावना और उसकी तरंगें हमारे अस्तित्व की गहरी वास्तविकता को उजागर करती हैं। कुछ भावनाएँ हमें उन्नति की ओर प्रेरित करती हैं, तो कुछ हमें संघर्ष और पीड़ा के दौर से गुजरने के लिए मजबूर करती हैं। मन का यही अदृश्य संसार ही असली रहस्य है, जो हमारी आत्मा की गहरी परतों को स्पर्श करता है।

इस काव्यसंग्रह के माध्यम से, मैं उन अनदेखे और अनसुने भावनाओं की बात कर रहा हूँ, जो हमारे भीतर की गहराईयों में समाहित हैं। प्रेम से लेकर घृणा, आशा से लेकर निराशा, संघर्ष से लेकर शांति तक, यह सभी भावनाएँ हमारे जीवन के अंश हैं। जब हम इन भावनाओं को समझते हैं, तो हम अपनी असली पहचान को जान पाते हैं। वे हमें हमारी ताकत और कमजोरियों से परिचित कराती हैं, और यही ताकत हमें जीवन के विभिन्न अनुभवों से जूझने और आगे बढ़ने की प्रेरणा देती है।

मन की ये बातें, जो कभी जिज्ञासा, कभी दर्द, कभी प्रेम और कभी हर्ष से सजी होती हैं, वही इस काव्यसंग्रह का आधार हैं। "भावनाएं: कविताओं में मन के इंद्रधनुषी अफसाने" न केवल एक कविता संग्रह है, बल्कि यह एक यात्रा है, एक आत्ममंथन है, जो पाठक को खुद से साक्षात्कार कराता है। यह काव्यसंग्रह न केवल मानसिक स्थिति को व्यक्त करता है, बल्कि आत्मिक जागरूकता की ओर एक कदम बढ़ने की दिशा भी दिखाता है।

हर कविता, हर भाव, हर शब्द मन की गहरी अनुभूतियों को दर्शाता है, जो हमें अपने भीतर की दुनिया से परिचित कराता है। इस काव्ययात्रा में आप पाएंगे कि प्रत्येक भावना, चाहे वह नकारात्मक हो या सकारात्मक, अपने आप में एक शक्ति है, जो हमें आत्मसाक्षात्कार की ओर अग्रसर करती है।

इस काव्यसंग्रह को आकार देने के लिए मैं अपने गुरुओ, माता पिता, परिवार, मित्रो, सहयोगियों, एडिटिंग सहयोग हेतु विक्रांत तावेसकर एवं आप सब पाठकों का आभारी हूँ, जिन्होंने मुझे प्रेरित किया और मेरी भावनाओं को शब्दों में ढालने में मदद की। आपका प्रेम और समर्थन ही इस प्रयास की सफलता है।

आइए, हम इस मन के इंद्रधनुषी संसार को समझें और उसकी सुंदरता को महसूस करें।

साभार,
डॉ मुकेश अग्रवाल

भाग 1
प्रेम और संबंध

प्रेम: दिल की आवाज़

प्रेम...
यह शब्द नहीं, एक अनुभव है,
जो मन की गहराइयों से उभरता है।
यह न आँखों में दिखता है,
न होठों पर ठहरता है।

प्रेम...
एक निःशब्द संवाद है,
जो बिना बोले कह देता है
अनकही कहानियाँ।
हवा में बहता,
धड़कनों में गूँजता,
साँसों में समाया हुआ।

प्रेम...
वह गहराई है,
जहाँ कोई किनारा नहीं।
वह ऊँचाई है,
जहाँ आकाश भी छोटा पड़ जाए।
वह अंतराल है,
जहाँ शब्द मूक हो जाते हैं,
सिर्फ एहसास बोलता है।

प्रेम...
यह स्वार्थहीन है,
न कोई अपेक्षा, न कोई अधिकार।
यह हर बंधन से परे,
हर सीमा से बाहर।

यह जल है, जो प्यास बुझाता है।
यह अग्नि है, जो भीतर की अशुद्धियाँ जला देता है।
यह मिट्टी है, जो जीवन को आकार देती है।
यह वायु है, जो हर साँस में बहती है।

प्रेम...
बस वही है,
जो है।

स्नेह: रिश्तों की मिठास

स्नेह...
वह हल्की सी मुस्कान है,
जो बिना कहे सब कह जाती है।
वह स्पर्श है,
जो मन के सारे बोझ हल्के कर देता है।
वह नज़र है,
जो हमारे अंदर छिपी ताकत पहचानती है।

स्नेह...
शब्दों से परे,
यह तो भावों की भाषा है।
यह एक नर्म छांव है,
जो तपती धूप में ठंडक दे।
यह मीठी फुहार है,
जो मन की सूखी ज़मीन को हरियाली दे।

स्नेह...
वह धागा है,
जो रिश्तों को जोड़ता है।
यह निस्वार्थ है,
न कोई शर्त, न कोई सीमा।
यह वह मिठास है,
जो हर कड़वाहट को घोल देती है।

यह माँ की लोरी में है,
पिता की चिंताओं में।
यह भाई की शरारतों में है,
बहन के गुस्से में छिपे प्यार में।
यह दोस्तों की हंसी में है,
साथ बिताए पलों की यादों में।

स्नेह...
जीवन की सरलता है।
यह वह पुल है,
जो दिलों के बीच की दूरी मिटा देता है।
यह वह मधुरता है,
जो हर कड़वे अनुभव को मिठास में बदल देती है।

स्नेह...
बस बहने दो इसे,
हर रिश्ते में, हर पल।
यही तो जीवन की असली मिठास है।

ममता: माँ की ममता की गहराई

ममता...
यह शब्द नहीं,
सृष्टि का पहला गीत है।
एक धड़कन है,
जो जन्म से पहले ही
मन की गहराइयों में गूँजने लगती है।

माँ...
एक कोमलता है,
जो हर दर्द को अपनी बाहों में समेट लेती है।
एक शक्ति है,
जो हर बाधा को मुस्कान में बदल देती है।
एक छाया है,
जो हर आँधी में सुरक्षा का एहसास कराती है।

ममता...
वह आँखें हैं,
जो तुम्हारी पहली झलक पर छलक पड़ती हैं।
वह हाथ हैं,
जो हर ठोकर पर संभालने को तत्पर रहते हैं।
वह लोरी है,
जो सपनों में भी तुम्हारी परवाह करती है।

यह त्याग है,
जो बिना शब्दों के हर दिन होता है।
यह समर्पण है,
जो किसी इनाम की अपेक्षा नहीं रखता।
यह प्रेम का वह सागर है,
जो कभी सूखता नहीं।

माँ की ममता...
एक ऐसी किताब है,

जिसके हर पन्ने पर सिखावन है।
एक ऐसा दीपक है,
जो हर अंधेरे को उजाले में बदल देता है।
एक ऐसा एहसास है,
जो हर दर्द को सहलाकर भुला देता है।

ममता...
वह अनमोल तोहफा है,
जो सिर्फ माँ दे सकती है।
यह गहराई है,
जिसका न कोई अंत है, न कोई किनारा।
यह जीवन की वह जड़ है,
जहाँ से हर रिश्ता फलता-फूलता है।

समर्पण: दिल से दी गई भेंट

समर्पण...
यह किसी समझौते का हिस्सा नहीं,
बल्कि आत्मा का संगीत है।
यह शब्दों में नहीं बंधता,
बस दिल की गहराइयों में बसता है।

यह वह आग है,
जो स्वार्थ को भस्म कर देती है।
वह जल है,
जो हर मन की प्यास बुझा देता है।
वह हवा है,
जो हर सीमा को पार कर देती है।

समर्पण...
वह भेंट है,
जो बिना किसी अपेक्षा के दी जाती है।
यह प्रेम का शिखर है,
जहाँ केवल देना होता है,
लेने का प्रश्न ही नहीं उठता।

यह माँ का अपने बच्चे के लिए त्याग है,
पिता का हर संघर्ष में खड़ा रहना।
यह किसी साथी की निःशर्त मोहब्बत है,
या गुरु का शिष्य के लिए स्नेह।

समर्पण...
एक पुल है,
जो इंसान को इंसान से जोड़ता है।
एक रास्ता है,
जो आत्मा को परमात्मा से मिलाता है।
एक प्रकाश है,
जो अंधेरे में राह दिखाता है।

यह वह दीप है,
जो जलते हुए भी
हर किसी को रोशनी देता है।
यह वह संगीत है,
जो मन को शांति और शक्ति से भर देता है।

समर्पण...
यह दिल से दी गई भेंट है,
जो देने वाले को भी समृद्ध कर देती है।
यह जीवन का सार है,
जहाँ प्यार, स्नेह, और आत्मा का मिलन होता है।

त्याग: अपनेपन की निशानी

त्याग...
यह शब्द नहीं,
एक गहरी अनुभूति है।
यह प्रेम का वह रूप है,
जो अपने लिए नहीं,
दूसरों के लिए जीता है।

यह वह मौन है,
जो बिना बोले
सब कुछ कह जाता है।
वह खुशी है,
जो दूसरों की मुस्कान में खुद को ढूंढती है।
वह रोशनी है,
जो अपने जलने से
दूसरों का अंधकार मिटाती है।

त्याग...
माँ का रातों को जागना है,
पिता का अपने सपनों को
बच्चों के लिए छोड़ देना है।
यह वह भाई है,
जो अपनी हिस्सेदारी को
हँसते हुए बहन को दे देता है।
वह दोस्त है,
जो खुद भूखा रहकर
तुम्हें खाना खिलाता है।

यह समर्पण है,
जिसमें अपना कोई अस्तित्व नहीं।
यह वह दर्पण है,
जिसमें सिर्फ दूसरों की जरूरतें दिखती हैं।
यह वह आधार है,

जो रिश्तों को स्थायित्व देता है।

त्याग...
यह बंधन नहीं,
स्वतंत्रता है।
यह हार नहीं,
जीत है।
यह बोझ नहीं,
मन का हल्कापन है।

यह उस दीपक की तरह है,
जो खुद जलकर
हर कोने में उजाला करता है।
यह उस पेड़ की तरह है,
जो हर मौसम सहकर भी
सबको छाया देता है।

त्याग...
अपनेपन की सबसे गहरी निशानी है।
यह जीवन का वह सत्य है,
जो सिखाता है–
सच्चा सुख दूसरों को देने में है।

श्रद्धा: विश्वास की शक्ति

श्रद्धा...
यह आँखों से नहीं दिखती,
यह तो मन की गहराइयों में बसती है।
यह न तर्क मांगती है,
न प्रमाण।
यह तो बस वह एहसास है,
जो हर डर को मिटा देता है।

श्रद्धा...
एक दीपक है,
जो अंधकार में भी उम्मीद की लौ जलाए रखती है।
एक पुल है,
जो असंभव को संभव से जोड़ देता है।
एक बीज है,
जो धरती के गर्भ में छिपा,
असीम संभावनाओं को जन्म देता है।

यह वह शक्ति है,
जो एक साधारण इंसान को असाधारण बना देती है।
यह वह विश्वास है,
जो डगमगाते कदमों को थाम लेता है।
यह वह सहारा है,
जो गिरने से पहले संभाल लेता है।

श्रद्धा...
माँ के मंदिर जाने में है,
बच्चे के पिता पर विश्वास में है।
किसान के बीज बोने में है,
पुजारी के आरती करने में है।
यह हर उस क्षण में है,
जब हम खुद से बड़ा कुछ मान लेते हैं।

श्रद्धा...
यह सीमाएँ नहीं देखती,
न धर्म, न जाति, न भाषा।
यह हर दिल का सच है,
हर आत्मा की पुकार है।
यह वह अदृश्य धागा है,
जो हमें ईश्वर, प्रकृति, और खुद से जोड़ता है।

श्रद्धा...
यह विश्वास की शक्ति है,
जो अडिग पर्वतों को हिला सकती है।
यह वह ऊर्जा है,
जो टूटे सपनों को फिर से जोड़ देती है।
यह जीवन की सबसे बड़ी पूँजी है,
जो हर असंभव को संभव बना देती है।

भाग 2
आशा, प्रेरणा और साहस

आशा: नई सुबह का वादा

अंधेरों की घाटी में
एक दीप जलता है,
सुनसान सन्नाटे में
एक स्वर गूँजता है।

यह आशा है,
जो टूटे पंखों को
फिर से उड़ान देती है।
यह वह बीज है
जो बंजर ज़मीन पर भी
हरी कोंपलें उगा देता है।

रात कितनी भी लंबी क्यों न हो,
एक वादा है –
सूरज का लौट आना।
हर आँसू के पार
एक मुस्कान का घर है।
हर संघर्ष के बाद
आराम का एक क्षण है।

आशा वह किरण है
जो बर्फ से ढकी चोटियों को भी
पिघला देती है।
यह वह जड़ है
जो तूफानों के बीच भी
दरख़्तों को थामे रखती है।

जीवन की हर उथल-पुथल के बीच

आशा की यह डोर
हमें टूटने से बचाती है।
यह कहती है–
"चल, एक और क़दम।
जहाँ अंधेरा है, वहीं प्रकाश छुपा है।"

आशा एक नई सुबह का वादा है।
एक ऐसा वादा,
जो कभी टूटता नहीं।

आत्मविश्वासः उड़ान सपनों की

सपनों की घाटी में
जहाँ हर दिशा अनजान है,
एक आवाज़ उठती है–
"मैं कर सकता हूँ।"

यह आत्मविश्वास है,
जो पहाड़ों को भी
रास्ता बनाने पर मजबूर करता है।
यह वह ऊर्जा है
जो ठहरे पानी में
लहरों का जन्म देती है।

आत्मविश्वास वह पंख है
जो हमें आकाश छूने का
साहस देता है।
जो गिरने पर
फिर से उठने की ताक़त देता है।

यह कोई शोर नहीं,
एक मौन आस्था है–
अपने भीतर के प्रकाश पर।
यह कंधों पर रखा
अनदेखा हाथ है,
जो कहता है–
"तू अकेला नहीं है।"

जो सपने आँखों में पलते हैं,
उनकी राह आत्मविश्वास ही बनाता है।
यह अंधेरी रात में
एक दीपक की तरह है।
जो गिरते हुए कदमों को
संभालने का हौसला देता है।

आत्मविश्वास वह नाव है,
जो हर तूफ़ान में भी
किनारे की ओर बढ़ती है।
यह कहता है–
"तू उड़ सकता है,
सिर्फ़ अपने पंखों पर भरोसा कर।"

आत्मविश्वास ही वह आकाश है
जहाँ सपनों को
अपनी उड़ान मिलती है।
और यह उड़ान
कभी थमती नहीं।

साहस: विपत्तियों का सामना

जब आसमान पर
घने बादल छा जाते हैं,
और हर दिशा
अंधकार में खो जाती है,
तब साहस बोलता है–
"चल, एक कदम और।"

साहस वह शक्ति है
जो कांपते हाथों को
मुट्ठी में बदल देती है।
यह वह ज्वाला है
जो हर तूफान में
एक चिराग की तरह जलती रहती है।

विपत्तियाँ आती हैं
जैसे पहाड़ों पर गिरते पत्थर,
लेकिन साहस–
हर पत्थर को सीढ़ी बना देता है।
यह कहता है,
"हारना मंज़िल नहीं,
संघर्ष ही जीवन है।"

साहस वह चुप्पी है
जो गरजती आंधियों के बीच भी
अपना मार्ग चुनती है।
यह वह विश्वास है
जो असंभव को
संभव की राह दिखाता है।

यह वह पल है
जब हर रास्ता बंद होता है,
लेकिन दिल में एक आवाज़ गूँजती है–

"रास्ते नहीं मिलते,
रास्ते बनाए जाते हैं।"

साहस हमें सिखाता है
कि चोटों पर मलहम नहीं,
बल्कि ज़ख़्मों पर गर्व करना चाहिए।
यह हर पराजय को
एक नई शुरुआत में बदल देता है।

साहस जीवन की वह मशाल है
जो अंधेरों को चीरकर
प्रकाश की ओर ले जाती है।
यह विपत्तियों का सामना करने का
सबसे बड़ा हथियार है।

प्रेरणा: सफलता की राह

सपनों के रास्ते पर
जब धुंध छाई हो,
तब प्रेरणा वह प्रकाश है
जो अंधेरे को चीरती है।
यह एक आवाज़ है
जो कहती है–
"तुम कर सकते हो,
बस अपना कदम बढ़ाओ।"

प्रेरणा वह बीज है
जो संघर्ष की ज़मीन में
उम्मीद की कोपलें उगाता है।
यह वह आग है
जो हमारी यात्रा को
धैर्य और विश्वास से सजाती है।

सफलता की राह
कभी सीधे नहीं होती,
लेकिन प्रेरणा हमें दिखाती है
कि हर मोड़ पर एक नई सीख है।
यह हमें बताती है,
"आगे बढ़ो, हर कठिनाई के बाद
एक नया अवसर छुपा है।"

प्रेरणा का सफर
कभी खत्म नहीं होता,
यह निरंतर चलने वाली हवा है
जो हमें हमेशा प्रेरित करती है।
यह उस लहर की तरह है
जो समुद्र के तट को
निरंतर थपथपाती है।

सफलता उन लोगों का हाथ थामती है
जो कभी हार नहीं मानते,
जो हर कठिनाई में
एक नई उम्मीद तलाशते हैं।
प्रेरणा हमें यही सिखाती है
कि असली सफलता
मन से नहीं,
कदमों से मापी जाती है।

प्रेरणा सफलता की वह चाबी है
जो हर बंद दरवाज़े को खोल देती है,
यह हमें दिखाती है कि
सपने तभी सच होते हैं,
जब हम उन्हें अपने दिल से
साकार करने की राह पर निकल पड़ते हैं।

उम्मीदः कल का उजाला

जब रात गहरी हो और
सन्नाटा हर दिशा में फैला हो,
उम्मीद वह छोटी सी लौ है
जो हमें बताती है–
"अंधेरा अब ज्यादा नहीं टिकेगा।"

उम्मीद वह विश्वास है
जो हर टूटे हुए पल में
नए सपनों की शुरुआत खोजता है।
यह वह सूरज है
जो रात के घने बादलों के बीच
अचानक से चमक उठता है।

कल का उजाला
आज के संघर्षों में छुपा होता है,
हम जितना संघर्ष करते हैं,
उम्मीद उतनी ही मजबूत होती है।
यह हमें सिखाती है,
"सपने सच होते हैं,
अगर तुम उन्हें विश्वास से संजोते हो।"

उम्मीद कभी हार नहीं मानती,
यह वह धारा है
जो हर तूफान के बाद
नए रास्ते पर चलती है।
यह बताती है–
"तुम अकेले नहीं हो,
साथ है एक नया अवसर।"

उम्मीद वह छांव है
जो कठिनतम मौसम में भी
हमें शांति का अहसास देती है।

यह कहती है,
"कल एक नया सूरज लाएगा,
तुम्हारे इंतजार के फलस्वरूप।"

कल का उजाला
हमारे आज की उम्मीदों से आकार लेता है।
यह भविष्य की दिशा है,
जो हर कदम को उत्साह और धैर्य से
आगे बढ़ने का हौसला देती है।

संवेदनशीलता: मन का अदृश्य स्पर्श

संवेदनशीलता वह कोमल धारा है
जो हृदय के भीतर बहती है,
बेहद हल्के, नज़र न आने वाले
स्पर्श के रूप में।
यह एक अहसास है
जो शब्दों से परे,
चुपचाप महसूस होता है।

जब दुनिया कठोर हो जाती है,
संवेदनशीलता उस कोमल स्पर्श की तरह है
जो हर दिल को समझता है,
हर आंसू की अनकही कहानी को सुनता है।
यह वह भावना है
जो बिना कुछ कहे,
दूसरों के दर्द को महसूस करती है।

यह दिल की गहराई से उठती है
जैसे एक खामोश लहर
जो शांतिपूर्ण तटों पर लहराती है।
संवेदनशीलता हमें सिखाती है
कि केवल शब्द नहीं,
मौन की भी अपनी शक्ति होती है।

कभी-कभी सबसे बड़ा समर्थन
हमें चुपचाप मिलता है,
जब कोई बिना कहे
हमारे भीतर की पीड़ा को समझता है।
संवेदनशीलता वह ताकत है
जो नफरत और गुस्से के बीच
सहानुभूति की राह दिखाती है।

यह एक हल्की सी मुस्कान हो सकती है
जो किसी के चेहरे पर,
कभी यूं ही झलकती है।
यह वह हाथ है
जो किसी के अकेलेपन को
हाथ में थामकर दूर करता है।

संवेदनशीलता मन का अदृश्य स्पर्श है,
जो दुनिया को एक नई रोशनी दिखाता है।
यह हमें याद दिलाता है
कि असली शक्ति
दूसरों के दर्द को समझने
और सहानुभूति दिखाने में है।

सहयोग: एकता का बल

सहयोग वह धारा है
जो अलग-अलग धाराओं को जोड़कर
एक महासागर बनाती है।
यह वह शक्ति है
जो कई आवाजों को एक गीत में
गूंथ देती है।

जब हम एक साथ चलते हैं,
हमारे कदम एक-दूसरे में समाहित हो जाते हैं।
सहयोग वह ताकत है
जो व्यक्तिगत सीमाओं को पार कर
सामूहिक सफलता की ओर ले जाती है।
यह बताता है कि
हम अकेले तो एक बीज हो सकते हैं,
लेकिन साथ मिलकर एक सुंदर बगिया बना सकते हैं।

सहयोग की शक्ति
हमें समझाती है
कि एकता में असाधारण शक्ति होती है,
यह हमें इस काबिल बनाती है
कि हम किसी भी मुश्किल को
साथ मिलकर पार कर सकते हैं।

यह वह चिंगारी है
जो एक साथ जलने पर
आग की तरह फैलती है,
जो अंधकार को छांटकर
प्रकाश का रास्ता दिखाती है।
सहयोग हमें सिखाता है
कि अकेले को कभी हार नहीं मिलती,
लेकिन एकजुट होकर हम असंभव को भी संभव बना सकते हैं।

एकता का बल वह कड़ी है
जो हर संघर्ष में हमें जोड़ती है।
यह वह रग है
जो समाज के हर अंग में
समरसता और समझ पैदा करती है।
सहयोग से हम न केवल मजबूत होते हैं,
बल्कि हम एक दूसरे का हौसला भी बढ़ाते हैं।

सहयोग एकता का वह बल है
जो हर दीवार को गिरा देता है,
जो दिलों को जोड़कर
सपनों को साकार करता है।

भाग 3
नकारात्मक भावनाओं की छायाएँ

क्रोध: भीतर की ज्वाला

क्रोध, एक सुलगती हुई आग,
जो भीतर जलती रहती है,
कभी धीरे-धीरे,
कभी अचानक,
सभी संतुलन को नष्ट कर देती है।

यह सिर्फ शब्दों में नहीं,
भावनाओं में भी जलता है,
एक गहरी सास,
किसी उलझन से बहक कर,
जो भीतर छुपा हो,
वह बाहर आ जाता है।

मन की खामोशी में,
यह जैसे एक चीख बनकर फैलता है,
सांसों की गति तेज हो जाती है,
और आँखों में जलते हुए तीखे सवाल।
यह निंदा करता है,
यह तिरस्कार करता है,
कभी खुद से, कभी दूसरों से।

यह ज्वाला,
दिमाग के सागर में उठते तूफान के समान है,
जो लहरों में अपने पूरे अस्तित्व को डुबो देती है,
फिर भी न मरती है,
कभी शांत नहीं होती।

कभी शांत होता है,
और फिर से भड़क उठता है,
मानो कागज पर जलती स्याही का लावा।
लेकिन क्या यह आग कभी बुझ सकती है?
क्या यह आँधियाँ कभी थम सकती हैं?

क्रोध को शांत करने के लिए,
हमारी आत्मा को शांत करना होगा,
हर धड़कन को अपनी रफ्तार से नहीं,
बल्कि संतुलन से जीना होगा।

ईर्ष्या: हृदय की कड़वाहट

हृदय के भीतर एक गहरी खाई,
जहाँ प्यार नहीं, केवल काँटे हैं,
कभी न खत्म होने वाली एक अधूरी प्यास,
जो दूसरों के सुख में
अपनी तड़प महसूस करती है।

यह एक शांत समंदर सा प्रतीत होता है,
लेकिन इसके भीतर ज्वालाएँ दबी होती हैं,
जो हर उस पल को जलाती हैं,
जब कोई और सफलता को प्राप्त करता है,
जब किसी और के पास वह होता है,
जो कभी मेरा था।

ईर्ष्या,
एक छाया है जो सुखों को ढक लेती है,
यह आत्मा को कुतरती रहती है,
नहीं देखती यह कितनी तड़प सहते हैं हम,
कितना खुद को खोते हैं हम,
अपने ही जीवन में।

कभी इस ईर्ष्या के कारण,
हम अपनी आँखों में आंसू नहीं देख पाते,
कभी यह हमें अजनबी बना देती है,
हमारे अपने ही एहसासों से,
हम खुद से ही नफरत करने लगते हैं।

लेकिन क्या यह कड़वाहट
कभी मिठास में बदल सकती है?
क्या इस नफरत को प्यार में बदला जा सकता है?
हमें समझना होगा,
कि इस दिल की कड़वाहट को
मूलतः अपनी ही असुरक्षाओं से जन्म होता है,
इसे सिर्फ आत्मविश्वास
और शांति से ही हराया जा सकता है।

द्वेषः शत्रुता की भावना

द्वेष, एक गहरी कटीली लकीर है,
जो हृदय में एक दीवार बना देती है,
हर विचार में, हर सास में,
यह शत्रुता की गहरी भावना होती है,
जो हमें किसी और से नहीं,
बल्कि खुद से दूर कर देती है।

यह एक आग की तरह जलता है,
जो न केवल सामने वाले को जलाती है,
बल्कि स्वयं के भीतर के कोयले को भी सुलगाता है।
यह नफरत का वह भयानक रूप है,
जो सिर्फ शत्रु को नहीं,
अपना अस्तित्व भी निगल जाता है।

द्वेष में,
हर कदम पर एक कड़ा झटका लगता है,
किसी की खुशियाँ, किसी का सुख,
सिर्फ इसलिए बुरा लगता है,
क्योंकि वह हमसे दूर हो गया है,
या हमारी अपेक्षाओं के विपरीत चला है।

यह भावना हमें खो देती है,
हमारी मानसिक शांति को छीन लेती है,
हमारे अंदर का सौम्य मन,
कभी चीखने, कभी चुप रहने की स्थिति में बदल जाता है।
द्वेष में फंसा हुआ व्यक्ति,
अपने आप से भी लड़ता है,
और कभी उस शत्रु से नहीं,
जिसे वह शत्रु मानता है।

लेकिन क्या यह शत्रुता कभी खत्म हो सकती है?
क्या हम इस द्वेष को शांति में बदल सकते हैं?
हमें यह समझना होगा कि,
यह भावना हमारे भीतर की असुरक्षा और पीड़ा से जन्मी होती है,
और केवल हमें ही इसे त्यागने की ताकत है,
क्योंकि जब हम शांति से सोचते हैं,
तब हम अपने भीतर के शत्रु को खत्म कर सकते हैं।

भय: मन के अंधेरे कोने

भय, वह छाया है जो हमें भीतर घेर लेती है,
एक अदृश्य राक्षस की तरह,
जो हमारी सोचों को काटता है,
हमारे कदमों को थामता है,
और हमारे मन के अंधेरे कोनों में बसा रहता है।

यह न कोई स्वर होता है,
न कोई आवाज़,
बस एक चुप्प सी, गहरी ख़ामोशी,
जो हर पल हमें अपनी गिरफ्त में लेती है।
यह वह डर है,
जो हमसे हमारा आत्मविश्वास छीन लेता है,
हमारे सपनों को चुराता है,
और हमें अपनी सीमाओं में बांधता है।

भय की जड़ें भीतर गहरी होती हैं,
यह उस डर से पैदा होती है,
जो हमने कभी खुद से नहीं पूछा,
कभी अपनी असुरक्षाओं का सामना नहीं किया।
यह भय हमारी कल्पनाओं से आकार पाता है,
जो हमारे वर्तमान और भविष्य को घेरे रहते हैं,
और कभी हमें इस हकीकत से नहीं जोड़ने देते,
कि डर सिर्फ एक भावना है,
जो मन के विस्तार से बढ़ती है।

फिर भी, क्या हम इस भय को परास्त कर सकते हैं?
क्या हम उन अंधेरे कोनों से बाहर आ सकते हैं?
हमें समझना होगा,

कि भय के अंधेरे में खुद को ढूँढना ही
हमारे लिए एक रोशनी बन सकता है,
जब हम उसे स्वीकार करते हैं,
उसे पहचानते हैं,
और अपने भीतर की शक्ति को जागृत करते हैं।
तभी हम इस भय को खत्म कर सकते हैं,
क्योंकि भय सिर्फ मन का भ्रम है,
और भ्रम को पार करना ही सत्य की ओर कदम बढ़ाना है।

अविश्वास: टूटा हुआ भरोसा

अविश्वास, वह ठंडी हवा है
जो दिल के तारों को चीर देती है,
हर शब्द में एक कटीली धार होती है,
हर वादा अब झूठा लगता है,
क्योंकि किसी ने एक बार
हमारे विश्वास को तोड़ा था।

यह वह दरार है,
जो एक बार फटी तो फिर पूरी नहीं भरती,
हर स्मृति, हर अनुभव,
अब शक की चादर ओढ़े होते हैं,
क्या सच है और क्या झूठ,
अब यह सवाल नहीं, एक आदत बन गया है।

अविश्वास,
हमारी आँखों में वो धुंध है
जो किसी को पूरी तरह से देख नहीं पाती,
यह सिर्फ उन बीते समय की ग़लतियों को याद करता है,
जो हमने पहले अनुभव की थी,
और उन गल्तियों को अब
हम पूरे संसार में ढूँढते हैं।

यह विश्वास की एक खामोश हत्या है,
जो किसी व्यक्ति या परिस्थिति से नहीं,
बल्कि हमारे अपने दिल से होती है।
जब कोई भरोसा टूटता है,
तो उसका खामियाजा सिर्फ दिल को नहीं,
बल्कि आत्मा को भी भोगना पड़ता है,
हर रिश्ता अब संदिग्ध लगता है,
हर हाथ अब धोखा देने वाला सा लगता है।

फिर भी, क्या विश्वास कभी वापस लौट सकता है?

क्या टूटा हुआ भरोसा फिर से जुड़ सकता है?
हमें समझना होगा कि,
वो एक क्षणिक अंधेरा था,
और सिर्फ हम ही अपने भीतर की रोशनी से
इस अंधेरे को पार कर सकते हैं।
विश्वास को फिर से बनाने के लिए,
हमें खुद पर और दूसरों पर विश्वास करना होगा,
तभी हम टूटे हुए भरोसे को फिर से संजो सकते हैं।

भाग 4
नकारात्मक भावनाओं का प्रभाव

पछतावा: बीते पल की कशिश

कभी जो चुनी थी राहें,
अब उनसे लहराते हुए रेत के कणों सा,
सिर्फ धुंधला सा एक चित्र बचा है,
जो समय की नीरवता में खो गया।

हर क़दम, हर मोड़,
कुछ बातें पीछे छोड़ता गया,
जिन्हें लौटाने की कोशिशें अब,
सिर्फ उधड़ी हुई सांसें बन कर रह जाती हैं।

पछतावा, एक चुप्प सी चीख,
जो दिल की गहरी खाई से उठती है।
वो समझना, वो जानना,
कि क्या अगर कुछ और किया होता?

फिर भी, ये बीते हुए पल,
नफ़रत या प्यार में बंटते नहीं,
वो सिर्फ़ हमारे अंदर की छाया बन कर,
हमेशा सहेजने के लिए होते हैं।

कभी हंसी, कभी आंसू,
जो हवा में घुलते हैं,
पर फिर भी ये समझना जरूरी है,
कि बीता हुआ समय हमें केवल एक बोध देता है,
ताकि हम वर्तमान की क़ीमत समझ सकें।

नफ़रत: मन की विषाक्तता

मन की गहरी गुफाओं में,
एक विषैली नदी बहती है,
जिसमें नफ़रत के काले पानी,
चुपके-चुपके समाते जाते हैं।

आग की तरह जलती है यह भावना,
जिसमें हर चमकती चिंगारी,
दिल के सबसे नाजुक कोने को जला देती है,
हर स्पर्श में एक गहरी कसक छोड़ जाती है।

दूसरों को दोषी ठहराने की ललक,
आत्मा को अंधेरे में घेरती है,
मन के हर कोने में बसी नफ़रत,
खुद को ही तो नष्ट कर जाती है।

यह नफ़रत, जो पहले एक छोटी सी दरार से शुरू होती है,
फिर धीरे-धीरे पूरी आत्मा में समा जाती है,
एक भारी, असहनीय बोझ की तरह,
जो हर कदम को और कठिन बना देती है।

पर क्या इस घातक विष का कोई इलाज है?
क्या इसके जाल से बाहर निकलने का कोई रास्ता है?
शायद, हमें अपने भीतर के शांतिपूर्ण पानी को ढूँढना होगा,
ताकि यह नफ़रत, बस एक भ्रम बन कर रह जाए।

संवेदनाहीनता: दूसरों की पीड़ा से अज्ञात

जहाँ परछाइयाँ कटी होती हैं,
वहाँ से गुजरते हुए, हम अनजान रहते हैं,
दूसरों के टूटने की आवाजें,
हमारी चेतना तक नहीं पहुँचतीं।

रुकी हुई हवाएँ,
सिलवटों में दबे हुए सपने,
हमारी आँखों के सामने छिपे रहते हैं,
लेकिन हम उन्हें अनदेखा कर जाते हैं।

दूसरों के दर्द में,
एक ख़ामोश दीवार खड़ी रहती है,
हम उसे महसूस नहीं करते,
क्योंकि खुद को ही समझने की व्यस्तता में
हम दुनिया के शोर में खो जाते हैं।

आह! क्या कभी हमें यह एहसास होता है,
कि एक नज़र, एक शब्द,
किसी के दिल की दरार को भर सकता था,
लेकिन हम इसे अनसुना कर जाते हैं,
क्योंकि हमें अपने अंदर की खालीपन को भरने की चिंता है।

संवेदनाहीनता,
सिर्फ एक आदत नहीं,
यह तो एक मानसिक अव्यवस्था है,
जो हमें समाज के अंधेरे कोनों में
छोड़ देती है।

अगर हम एक पल के लिए रुकें,
तो शायद हम उस पीड़ा को समझ सकें,
जो दूसरों के अंदर दब गई है,
और उस समझ के साथ,
हम अपना और दूसरों का दर्द,
मिलकर कम कर सकते हैं।

कामः इच्छाओं का आग

आग की लपटों में सुलगती है ये इच्छा,
हर पल, हर साँस में जलती है एक नई आग,
रुकते नहीं, थमते नहीं,
जितनी बुझाने की कोशिश करते हैं,
उतनी ही बढ़ती जाती है।

चाहतों के इस जाल में बँधकर,
मन कभी संतुष्ट नहीं होता,
हर एक इच्छा,
दूसरी के पीछे छिपी होती है,
और हम उन सभी का पीछा करते रहते हैं।

यह आग कभी धीमी नहीं होती,
हर बूँद में एक जलन समाती है,
जितना हम इसे बुझाने का प्रयास करते हैं,
उतना ही और फैलती है,
और कुछ न कुछ खो देती है।

आत्मा की इस आग में जलते हुए,
क्या हम कभी यह समझते हैं,
कि ये इच्छाएँ हमें कहाँ ले जा रही हैं,
या फिर क्या हम सिर्फ़
इस आग के साथ भाग रहे हैं,
क्योंकि ठंडा पड़ने से डरते हैं।

कभी-कभी, इस आग को बुझाना ज़रूरी होता है,
ताकि हम उसकी गरमी से खुद को पहचान सकें,
क्योंकि जब इच्छाएँ शांत होती हैं,
तभी असली शांति की खोज होती है,
जो जलती हुई आग के बाद,
सिर्फ़ एक ठंडी रात की तरह सुकून देती है।

लोभ: ललचाने वाली शक्ति

यह एक छाया की तरह बढ़ता है,
धीरे-धीरे, अनदेखी राहों से घेरता है,
लोभ, एक अदृश्य शक्ति,
जो भीतर के हर कोने को भरती जाती है।

सब कुछ हासिल करने की ललक,
हर पल बढ़ती जाती है,
चाहे वो धन हो, प्रतिष्ठा हो,
या और कुछ जो नज़र नहीं आता,
फिर भी मन उसे पाने की ख्वाहिश में खो जाता है।

लोभ का यह दानव,
अंधेरे में घूमते हुए,
हमारे भीतर का संतुलन तोड़ता है,
हमारी आत्मा को खंडित करता है।

और फिर, हम महसूस करते हैं,
कि जो एक बार हाथ में था,
वो अब खाली है,
फिर भी हम और अधिक की तलाश में
जाए जाते हैं, बिना किसी ठहराव के।

पर इस ललचाई शक्ति का क्या है अंत?
क्या हम कभी इसे समझने की कोशिश करेंगे,
या फिर हर बार जब यह बढ़ेगी,
हम एक कदम और बढ़ते जाएंगे?

लोभ, एक शाश्वत बंधन है,
जो हमें कभी संतुष्ट नहीं होने देता,
लेकिन अगर हम एक पल के लिए रुकें,
और सोचें कि हमारे पास क्या है,
तो शायद हम उस अदृश्य शक्ति से मुक्त हो सकते हैं,
जो हमें अपनी परछाई में खो जाने पर मजबूर करती है।

मोहः भ्रम और बंधन

यह एक अदृश्य जाल की तरह फैलता है,
जो धीरे-धीरे हमारी आत्मा को घेरता है,
मोह, एक चुम्बक की तरह,
हमें उन चीज़ों से जोड़ता है,
जो असल में बस भ्रम हैं।

कभी प्यार का नाम लेकर,
कभी रिश्तों की मासूमियत में,
यह हमें बांधता है,
और हम यह समझने की कोशिश करते हैं
कि क्या हम इसे सच मान रहे हैं,
या फिर यह बस एक बहकावा है,
जो हमें वास्तविकता से दूर कर रहा है।

हर तंतु, हर रेशा,
हमारे मन से जुड़ा होता है,
लेकिन यह बंधन हमें कैद करता है,
हमारी स्वतंत्रता को धीरे-धीरे छीनता है।

हम उन लम्हों के पीछे दौड़ते रहते हैं,
जो कभी हमारे थे,
लेकिन क्या हम भूल गए हैं
कि यही मोह हमें उसी छाया में
खींचता चला जाता है,
जहां हमारा असली अस्तित्व खो जाता है।

यह मोह, जो हमें भ्रमित करता है,
कभी भी हमें संतुष्ट नहीं करता,
यह कभी ना खत्म होने वाला चक्कर है,
जो हमें आत्मा की सच्चाई से दूर ले जाता है।

क्या हम कभी इस बंधन को तोड़ पाएंगे?
क्या हम कभी यह समझेंगे
कि मोह की गिरफ्त में नहीं,
स्वतंत्रता में ही जीवन की असली शक्ति है?

अहंकारः आत्ममुग्धता का गर्व

यह एक छाया की तरह बढ़ता है,
धीरे-धीरे, हर कदम पर गहरा होता है,
अहंकार, आत्मा का अंधा गर्व,
जो हमें खुद में खो जाने की राह दिखाता है।

हमारी सोच, हमारी बात,
हमारी हर हरकत में बस हम ही होते हैं,
सभी संबंध, सभी कृतियाँ,
हमारी महानता की गवाही देती हैं,
यह विश्वास कि हमसे बढ़कर कोई नहीं।

यह अहंकार हमें आसमान की ऊँचाइयों तक ले जाता है,
लेकिन कभी यह नहीं समझाता कि जड़ें,
नीचे, गहरी, जमीन में होती हैं,
जो हमें संजीवनी देती हैं।
पर हम खुद को उस ठंडी हवा में खो बैठते हैं,
जो हमें पतझड़ की ओर ले जाती है।

यह आत्ममुग्धता का गर्व,
जो हमें हर व्यक्ति से श्रेष्ठ मानता है,
क्या यह कभी हमें सच्चाई का एहसास कराएगा?
या फिर हम हर बार अपनी ही धुन में चलते रहेंगे,
जब तक हमारा पतन न हो जाए?

अहंकार, एक घेरा है,
जो धीरे-धीरे हमें अपने भीतर बंद कर देता है,
और हर कदम पर यह विश्वास कराता है
कि हम ही सबसे बड़े हैं,
पर क्या हम कभी समझेंगे
कि इस गर्व के नीचे छिपा है केवल एक खालीपन,
जो अंततः हमें खुद से और दूसरों से दूर कर देता है?

भाग 5
संघर्ष और पीड़ा

विरह: बिछड़ने का दर्द

जैसे समंदर की लहरों में डूबता हुआ जहाज़,
वैसे ही दिल का एक टुकड़ा,
चाहे या न चाहे,
कभी नहीं लौटता।

विरह का जहर,
वह जो गहरे से गहरे में उतारता है,
यह दर्द,
जो शब्दों से परे,
कभी ख़ामोशी में, कभी आँसुओं में उभरता है।

मन के आकाश में,
कभी चाँद था, कभी सूरज,
अब बस एक खाली जगह है,
जहां कभी तुम्हारी छाया थी।

हर राग में बसी थीं तुम,
हर गीत में गूंजते थे तुम्हारे स्वर,
अब यह सन्नाटा,
जैसे जीवन का सबसे गहरा असमंजस हो।

विरह की रातें,
जो कभी खत्म नहीं होतीं,
यह दर्द,
जो अनमोल समय की याद दिलाता है,
और फिर उसे दूर करता है।

क्या जाऊं मैं,
क्या तुम्हें ढूंढूं?
यह प्रश्न ही उलझन है,
क्योंकि हर रास्ता वही है,
जहां तुम नहीं हो।

तुम बिछड़े तो,
दुनिया पूरी की पूरी अदृश्य हो गई,
जैसे कोई रंग खो जाए,
कभी न लौटने के लिए।

दर्द: छुपे हुए आँसुओं की भाषा

आँसुओं का रंग,
कभी नीला, कभी बेरंग,
वो जो भीतर चुपके से गिरते हैं,
जिन्हें हम कभी दूसरों से नहीं कहते।

इन आँसुओं में छुपा दर्द,
वह जो शब्दों से नहीं कह सकते,
यह तो एक चुप सी गवाही है,
जो दिल की गहराई से निकलती है।

कभी हमारी मुस्कान के पीछे,
तुम नहीं देख पाते वो आँसू,
जो रात की तन्हाई में बहे जाते हैं,
जो अकेलेपन के साथ बहे जाते हैं।

हम बोलते नहीं,
पर दिल जानता है,
दर्द की ये अनकही बातें,
आँसुओं के हर कतरे में सजी रहती हैं।

छुपाए रखने की आदत,
इसने हमें इतना सिखा लिया है,
कि हर दर्द को समेटकर,
हम सिर्फ भीतर ही भीतर घुटते रहते हैं।

पर ये आँसू,
जो कभी दिखते नहीं,
कभी न कभी,
यह सब कुछ कह जाते हैं।

निराशा: टूटते सपनों की कहानी

सपने थे जो कभी आसमान की ऊँचाइयों में बसे थे,
अब वह ख्वाब सिर्फ मृगतृष्णा बनकर रह गए हैं।
जिन्हें हमने अपने दिल की गहराई से पकड़ा था,
अब वह सिर्फ टूटे हुए टुकड़ों में बिखर गए हैं।

यह निराशा, जैसे घने बादल,
जो एक दिन अचानक घेर लेते हैं।
सपनों के बीच कभी सूरज चमकता था,
अब वह भी कहीं खो गया है।

कभी हमें लगता था कि यह राहें हमें कहीं ले जाएँगी,
पर हर मोड़ पर एक नया तूफ़ान खड़ा हुआ है।
उम्मीदों की जिस दीवार पर हमने अपना भरोसा रखा था,
वह अब सिर्फ दरारों में बदल चुकी है।

मन में एक खालीपन है,
जिसे शब्दों से भरने की कोशिश करते हैं,
पर हर बार, जैसे सब बेकार हो,
यह गहरी उदासी और अकेलापन बढ़ता जाता है।

ख्वाबों में रंग था,
अब वह केवल स्याह हो गए हैं,
निराशा के इस घने अंधेरे में,
अब कोई उम्मीद नहीं बची।

क्या यह हमारी गलती थी?
क्या यह जीवन का सच है?
टूटते हुए सपनों की कहानी,
अब हमारी पहचान बन चुकी है।

अकेलापन: ख़ामोशी की पुकार

ख़ामोशी की गहराई में,
कभी एक आवाज़ सी गूंजती है,
जो भीतर ही भीतर घुमती है,
एक खालीपन की पुकार,
जो शब्दों में नहीं बयां होती।

अकेलापन, जैसे चाँद की चुप्प,
जिसे दूर से देखा जाता है,
पर उसके करीब जाकर,
उसे महसूस करना मुमकिन नहीं।
हर पल, एक अनकही तन्हाई में खो जाते हैं।

जो कभी हमारी धड़कन थे,
अब वे ख़ामोशी में खो गए हैं,
दूसरों के बीच भी,
यह अकेलापन और गहरा हो जाता है,
जैसे हम अपनी ही दुनिया में बंद हो गए हों।

हर सन्नाटा कुछ कहता है,
पर हम उसे समझ नहीं पाते,
यह अकेलापन,
जो हमसे बातें करता है,
फिर भी हम उसे नहीं सुन पाते।

क्या यह जीवन की सजा है,
या फिर यह अकेलेपन का संगीत है?
जो कभी खुशी की ध्वनि थी,
अब वह सिर्फ एक गहरी ख़ामोशी में बदल गई है।

दुविधा: राहों का संघर्ष

जब दो राहें सामने हों,
और दिल किसी एक को चुनने को कहे,
पर मन की आवाज़,
दूसरी राह का पीछा करने को प्रेरित करे,
तब यह दुविधा,
किसी अंधेरे में खो जाने जैसा लगता है।

हर कदम,
एक संघर्ष बन जाता है,
दो रास्तों के बीच,
हमारा विचार उलझ जाता है,
क्या सही है, क्या गलत,
कौन सी राह हमें हमें अपने साथ ले जाएगी?

एक ओर में है तसल्ली,
दूसरी में उम्मीद की चमक,
कहाँ जाएं, किसे चुनें?
यह सवाल हमें भीतर ही भीतर चीरता है,
जैसे दो दिल एक साथ धड़क रहे हों,
पर दोनों का रास्ता अलग हो।

विकल्पों के बीच,
एक अदृश्य युद्ध चलता है,
यह दुविधा,
हमारी सोच को जकड़े रहती है,
सपनों को तोड़ती है,
और कभी-कभी, हमें अपनी ही पहचान से दूर कर देती है।

क्या होगा अगर हमने गलत राह चुनी?
क्या होगा अगर सही राह छूट जाए?
यह अनिश्चितता,
जैसे जीवन का सबसे बड़ा रहस्य बन जाती है।
और हम बस इस संघर्ष में खो जाते हैं,
राहों के बीच,
जहाँ कोई सटीक उत्तर नहीं मिलता।

विचारः मन के तूफान

मन के आकाश में,
विचारों के बादल कभी गहरे होते हैं,
कभी हल्के से,
पर एक तूफान सा बन जाते हैं।
यह विचार,
जो कभी शांत थे,
अब उफान पर हैं,
जैसे कोई समंदर उछलता हो।

एक विचार आता है,
फिर दूसरा उसके पीछे दौड़ता है,
जैसे दो नावें,
जो कभी एक दिशा में जाती थीं,
अब अजनबी रास्तों पर तैरती हैं।

हर विचार,
एक चुप-चुप सी लहर की तरह,
भीतर से बहता है,
हमारे दिल में कोई हलचल छोड़ता है,
और फिर गुम हो जाता है,
कभी लौटने की उम्मीद के बिना।

यह तूफान,
जो कभी विचारों के समुद्र में उठता है,
एक ही पल में सन्नाटा भी ला सकता है,
और फिर वही लहरें,
एक बार फिर से उफान मारने लगती हैं।

क्या यह हमारी चेतना का हिस्सा है,
या सिर्फ मन की उलझनें?
हर विचार,
हमारे भीतर का तूफान बनकर आता है,
फिर हमें यह सवाल छोड़ जाता है,
क्या हम इसे शांत कर पाएंगे,
या फिर यही तूफान
हमारे अस्तित्व का हिस्सा बन जाएगा।

भाग 6
कृतज्ञता, क्षमा और सकारात्मकता

आभार: दिल से धन्यवाद

कभी नहीं सोचा था,
कि शब्दों में इतनी ताकत हो सकती है,
जो दिलों को जोड़ सके,
जो एक दूसरे के दर्द को हलका कर सके।

जब जीवन ने मेरे सामने कई अंधेरे रास्ते खोले,
तब तुम्हारी रोशनी ने मुझे रास्ता दिखाया।
हर एक मुस्कान,
हर एक मदद की राह,
वो सब कुछ है, जो मैं शब्दों में नहीं उतार सकता।

मैं आभारी हूं,
उस हवा के लिए,
जो मेरे चेहरे को छूकर गुजरती है,
उस सूरज के लिए,
जो हर दिन मुझे नए दिन की उम्मीद देता है।

आभार,
उस पल के लिए जब मैं टूटकर गिरा था,
पर तुमने मुझे उठाया,
कभी ना कहने वाली वह बात,
तुम्हारे चेहरे पर पढ़ी गई मुस्कान,
वो शब्दों से कहीं ज्यादा गहरे थे।

मेरे दिल में बस एक एहसास है,
हर चीज़ के लिए,
हर कृतज्ञता के लिए,
जो मुझे वह सब देता है,
जो मैं कभी समझ नहीं पाता था।

क्षमा: दिल का विस्तार

कभी तो ऐसा लगता था,
कि घावों की गहराई
इतनी अडिग और स्थायी हो,
कि उन्हें भरना संभव नहीं।

लेकिन फिर मैंने समझा,
क्षमा सिर्फ शब्द नहीं,
यह एक प्रक्रिया है,
जिसमें दिल अपना आकार बदलता है,
अपनी सीमाओं को पार करता है।

क्षमा,
वो कीमती तोहफा है,
जो खुद को देने से पहले
दूसरों को दिया जाता है।
यह एक अनकहा संवाद है,
जो खुद को मुक्त करता है,
जैसे नदी अपने तटों को छोड़
समंदर में मिल जाती है।

मैंने सीखा है,
हर चोट के बाद
हमें दिल खोलकर जीने की कला सीखनी होती है,
हर दिल के भीतर एक विस्तार छिपा होता है,
जो सिर्फ क्षमा से उजागर होता है।

दिल से दिल की दूरी घटने लगती है,
जब हम सच्चे मन से माफ़ करते हैं,
तब हर दर्द, हर अविश्वास
धीरे-धीरे मिटने लगता है,
और हम एक नए एहसास में समाहित हो जाते हैं।

गर्व: अपने होने की पहचान

मैं गर्वित हूं,
न सिर्फ अपनी सफलता पर,
बल्कि उन असफलताओं पर भी,
जो मुझे गिराकर उठाती हैं।
यह गर्व सिर्फ बाहरी पहचान नहीं,
बल्कि अंदर की उस ताकत का एहसास है,
जो हर चुनौती को पार कर
एक नया रूप लेती है।

गर्व,
यह मेरी यात्रा का हिस्सा है,
उस रास्ते का हिस्सा,
जो कभी कांटों से भरा था,
लेकिन आज फूलों से महकता है।
यह गर्व उस सचाई का है,
जो मैं खुद को मानकर जीता हूं,
हर कमी और हर खूबी को
अपनी पहचान का हिस्सा मानकर।

यह गर्व नहीं कि मैं सबसे बेहतर हूं,
बल्कि यह कि मैं अपनी राह पर हूं,
अपनी अच्छाइयों और कमजोरियों के साथ,
और यही मेरी सबसे बड़ी पहचान है।
कभी चुप रहा,
कभी ज़ोर से बोला,
फिर भी हमेशा खुद को स्वीकारा।

गर्व मेरी पहचान नहीं,
मेरे आत्मविश्वास का प्रमाण है,
जो हर दिन नए कदमों के साथ बढ़ता है,
यह गर्व है,
जो मुझे मेरे होने की
पूरी अनमोलता का एहसास कराता है।

दया: करुणा का स्पर्श

दया,
यह शब्द नहीं,
एक अहसास है,
जो बिना बोले
दिल तक पहुंचता है।

यह न तो कर्तव्य है,
न ही कोई मजबूरी,
यह तो एक प्राकृतिक प्रवृत्ति है,
जो किसी का दुख देखकर
हमें अपने भीतर फैलने लगती है।
दया,
वह स्पर्श है,
जो किसी के टूटे दिल पर
मूल्य नहीं, बल्कि सुकून देता है।

जब दुनिया कठोर हो जाती है,
जब शब्दों से ज्यादा
चुप्पी भारी हो जाती है,
तब एक दयालु हृदय
अपनी मौन शक्ति से
सब कुछ बदल सकता है।

यह कोई दिखावा नहीं,
बल्कि वह सच्ची करूणा है,
जो निस्वार्थ,
किसी भी उम्मीद के बिना
दूसरों के लिए की जाती है।

यह वह जादू है,
जो इंसानियत को
एक-दूसरे के करीब लाता है,
कभी एक मुस्कान से,
कभी एक हाथ बढ़ाकर।

दया,
यह सिर्फ एक भावना नहीं,
यह आत्मा का गहरा स्पर्श है,
जो हमें यह सिखाता है,
कि सबसे बड़ी ताकत,
सिर्फ दिल में होती है।

सपने: आँखों की दुनिया

सपने,
वे ना देखे गए चित्र नहीं,
बल्कि उस संसार की झलक हैं
जो हमारी आँखों से बाहर नहीं,
बल्कि अंदर छुपा रहता है।

यह वह धरती है,
जहाँ हर ख्वाब अपनी असलियत पा सकता है,
जहाँ हमारी आँखें
रातों की खामोशी में भी
कुछ नया देख सकती हैं।
सपने,
यह वह पुल हैं,
जो हमें वर्तमान से भविष्य तक
ले जाते हैं,
जहाँ असंभव को भी
संभावना मिलती है।

हमारे भीतर की आँखें,
जो कभी आसमान की ओर देखती हैं,
वहीं अपनी सीमाएँ पार कर
सपनों की ऊँचाई तक पहुंचती हैं।
कभी तो लगता है,
सपने आँखों से नहीं,
दिल से देखे जाते हैं,
क्योंकि जहाँ आँखें थक जाती हैं,
वहाँ दिल सपनों का पीछा करता है।

सपने,
यह दुनिया नहीं,
बल्कि एक अनदेखा संसार है,
जहाँ हम अनगिनत संभावनाओं को
किसी आकाश में उड़ते हुए पाते हैं,
जहाँ हर सुबह हमें
नई उम्मीदों से मिला एक नया सूरज
दिखाता है।

कभी आँखें बंद करके देखो,
यह दुनिया अनंत है,
हर ख्वाब की अपनी कहानी है,
जो हमारे दिल की गहराई में
जिंदगी के रंग भरता है।

शक्ति: आंतरिक बल

शक्ति,
यह बाहरी मसल्स या दृढ़ता नहीं,
यह एक आंतरिक गहराई है,
जो तब जागती है,
जब हम खुद से जूझ रहे होते हैं,
जब दुनिया हमें कमजोर समझती है,
तब हमारी आत्मा के भीतर
एक अडिग चिंगारी जलती है।

शक्ति वह नहीं,
जो हमें दूसरों से जीतने की प्रेरणा देती है,
यह तो वह शक्ति है,
जो हमें खुद से लड़ने,
खुद को समझने और
अपने भीतर के डर को पार करने की क्षमता देती है।
यह हमारी आवाज़ है,
जो चुप्पी में भी गूंजती है,
यह हमारा आत्मविश्वास है,
जो हर घड़ी हमें आगे बढ़ने की दिशा दिखाता है।

शक्ति का कोई आकार नहीं,
न कोई सीमा,
यह हमारे अंदर,
हमारे विचारों, हमारी उम्मीदों
और हमारे संघर्षों में छुपी है।
यह आंतरिक शक्ति हमें
हर गिरावट से उठने की ताकत देती है,
हर ठोकर से संभलने का साहस देती है।

शक्ति,
यह किसी बाहरी प्रदर्शनी नहीं,
यह हमारे भीतर की एक अमूल्य धारा है,
जो हमें हमारे सबसे कठिन पल में
अपने अस्तित्व को महसूस करने की याद दिलाती है,
यह आंतरिक बल है,
जो हमें दुनिया से अधिक
अपने आप पर विश्वास करने की ताकत देता है।

भाग 7
आत्मिक जागरूकता एवं अनुभूतियां

शांति: मन का ठहराव

मन के हज़ारों विचार
जैसे नदी की लहरें, निरंतर बढ़ती जाती हैं,
फिर एक क्षण आता है,
जब लहरें थम जाती हैं,
और सब कुछ शांत हो जाता है।

आँखें बंद होती हैं,
वो जो बर्फीली धुंध थी,
सूरज की किरणों में घुल जाती है।
मौन, सन्नाटा,
हर एक धड़कन में एक संगीत सा बजता है।

मन का ठहराव,
एक अदृश्य यात्रा की शुरुआत,
जहाँ शब्दों की कोई आवश्यकता नहीं,
जहाँ आत्मा, आकाश से जुड़ती है।

शांति,
यह कोई बाहर की तलाश नहीं,
यह तो भीतर के आंगन का मर्म है,
जहाँ हर कंकर, हर पत्थर,
आध्यात्मिक फूलों में बदल जाते हैं।

शांति का यह राज्य,
न किसी भोर की सुबह है,
न किसी रात का आलोक,
यह तो बस वही क्षण है,
जहाँ हम खुद से मिलते हैं।

अभिलाषा: मन के कोने की चाहत

मन के गहरे कोने में,
छिपी एक अदृश्य आग है,
जो सुलगती रहती है,
पर कभी पूरी नहीं होती।

एक ख्वाहिश,
जो हर सुबह उभरती है,
सपनों की लहरों पर सवार,
लेकिन फिर भी,
कभी तक़दीर से नहीं मिल पाती।

यह अभिलाषा,
न किसी शोर में बसी है,
न किसी शब्द में समाई है,
यह तो चुपके से दिल के भीतर,
अपने रास्ते खोजती रहती है।

हर दिशा में,
हर कदम पर,
यह नन्हीं उम्मीदें फैलती हैं,
कुछ पाने की नज़र,
कुछ खोने का डर।

मन की यह चाहत,
जैसे एक चाँद की रौशनी हो,
जो अंधेरे में खो जाने के बावजूद,
अधूरी होती है,
फिर भी चलती रहती है।

अभिलाषा,
यह कोई लकीर नहीं,
यह तो बस एक यात्रा है,
जहाँ हर मोड़ पर,
नया सपना जिंदा होता है।

ख़ुशी: छोटी-छोटी खुशियों का जादू

कभी एक प्याली चाय का गर्म गिलास,
कभी बारिश में भीगती एक हंसी,
कभी किसी पुराने दोस्त का फोन,
जो दूर होकर भी पास लगता है।

यह ख़ुशी,
किसी बड़े महल की नहीं,
न किसी महंगे गहनों की,
यह तो बस उन छोटे-छोटे पलो में बसी है,
जो आँखों के सामने चुपके से गुजर जाते हैं।

एक बच्चे की मुस्कान,
जो बिना किसी बात के खिल उठती है,
या फिर उस चेहरे पर निखरती लाज,
जो कभी दिल के पास होता था।

यह ख़ुशी,
न किसी बड़े मंच की तलाश करती है,
न किसी तड़कते हुए शो की,
यह तो बस अपनी सरलता में बसी है,
और उसमे ही अपने रंग भरती है।

छोटी-छोटी खुशियाँ,
जैसे एक प्यारा सा गीत,
जो अनकहे शब्दों में गाया जाता है,
और फिर दिल में बस जाता है।

यही ख़ुशी का जादू है,
न किसी सीमा में बंधी,
न किसी गणना में गिनी,
यह बस हर दिन की रौशनी है,
जो हमारी दुनिया को चमकाती है।

आध्यात्मिकता: आत्मा का संवाद

मन की ऊँचाई से,
आत्मा एक गहरी आवाज़ सुनती है,
जो शब्दों से परे,
सिर्फ महसूस की जाती है।

यह संवाद,
न किसी बाहरी शोर से विचलित होता है,
न ही समय के चक्र में उलझता है,
यह तो बस उस मौन में बसा है,
जहाँ हर धड़कन,
संसार की सच्चाई से जुड़ी होती है।

आत्मा,
अपने ही अस्तित्व से प्रश्न करती है,
"क्या मैं वही हूँ,
जो मैं दिखता हूँ,
या कुछ और, जो अंतर्निहित है?"

यह संवाद,
कभी ध्यान की गहराई में मिलता है,
कभी एक आकाश में उड़ते हुए,
जहाँ शब्दों की आवश्यकता नहीं,
क्योंकि वह शांति से सब कुछ कहता है।

आध्यात्मिकता,
कभी किसी पुस्तक में नहीं,
कभी किसी उपदेश में नहीं,
यह तो बस उस हृदय के भीतर बसी है,

जो खुद से बात करता है,
और अपने अस्तित्व की पवित्रता को महसूस करता है।

आत्मा का यह संवाद,
नश्वर नहीं,
यह तो अनंत है,
जहाँ हर पल में,
हम खुद को और ब्रह्म को पहचानते हैं।

संतोष: संतुष्टि का सुख

जब न कोई आकांक्षा रह जाती है,
न कोई चाहत पलकों पे होती है,
तब मन में एक शांत सी लहर दौड़ती है,
संतोष का सुख, जैसे सर्दी में गुनगुनी धूप।

यह सुख न किसी बाहरी दुनिया से आता है,
न किसी भौतिक चीज़ की चाह से,
यह तो बस आत्मा की गहरी शांति है,
जो भीतर से फूटती है, और हर चिंता को नष्ट कर देती है।

संतोष,
एक खामोशी का गीत है,
जो दिल में बिखरता है,
और दुनिया के शोर में भी,
हमारे भीतर का सुकून बना रहता है।

यह कोई महल नहीं,
न कोई इमारत की ऊँचाई,
यह तो एक साधारण घर के भीतर बसता है,
जहाँ खुशियाँ न किसी वस्तु में,
बल्कि एक सटीक संतुलन में होती हैं।

संतोष का सुख,
कभी किसी पुरस्कार का मोहताज़ नहीं होता,
यह तो बस हर दिन के छोटे-छोटे पलों में मिल जाता है,
जब हम जानते हैं,
कि जो है, वही काफ़ी है।

संतोष,
यह कोई अंत नहीं है,
यह एक अनंत यात्रा है,
जहाँ हर कदम में,
हम आत्मा की पूर्णता महसूस करते हैं।

वैराग्य: त्याग का अदृश्य बल

वैराग्य, वह अदृश्य शक्ति है
जो जीवन को संपूर्णता से अलग कर देती है,
यह न कोई शोर करती है,
न कोई आहट छोड़ती है,
बस एक गहरी मौन में समाहित रहती है,
कभी बाहर नहीं, बल्कि भीतर का बदलाव है।

यह संसार की मोह माया से परे,
एक बूँद सी शांति की ओर खींचती है,
जहाँ इच्छाओं का जाल टूट जाता है,
और भीतर एक अनकहे सुख का उदय होता है।
यह त्याग का वह रस है,
जो हमें खुद से सच्चा जोड़ता है,
वह अहसास,
जिसमें न कुछ प्राप्त करना है,
न खो देना है।

वैराग्य में जीवन की सच्चाई है,
यह किसी वस्तु से जुड़ने का नाम नहीं,
बल्कि हर बंधन से मुक्ति का नाम है,
यह संसार की वह छाया है,
जो हमें दिखाती है कि
हम वही हैं, जो हमारे भीतर है,
न कि बाहर का भ्रम।

यह शक्ति,
हमारे भीतर का एक ऐसा मंत्र है,
जो हमें सच्चे सुख की ओर ले जाता है,

वह सुख, जो न किसी चीज़ में बसा है,
न किसी इंसान में,
बल्कि खुद की पहचान में।

वैराग्य केवल त्याग नहीं,
यह आत्मसंतोष का सर्वोच्च रूप है,
यह वह अदृश्य बल है,
जो हमें बिना किसी कारण के शांति प्रदान करता है,
और इस संसार के सारे धुंधलेपन से
हमारी आँखों को खोलता है।

सजगता: खतरे का एहसास

आँखों की पलकें, जैसे एक चेतावनी हो,
हर हलचल में, हर आहट में,
मन का हर तार झंकृत होता है,
खतरे का वह एहसास,
जो केवल सजग आत्मा ही समझ पाती है।

यह सजगता,
न किसी बाहरी आक्रमण का डर है,
न किसी वास्तविक खतरे का संकेत,
यह तो बस उस अंतरदृष्टि का जागरण है,
जो हर परिस्थिति में सही मार्ग की पहचान करती है।

जब हवा का रुख बदलता है,
जब चाँद की रौशनी कहीं धुंधली होती है,
तब सजगता जाग्रत होती है,
और हम जानते हैं,
कि क्या सही है, क्या गलत।

यह खतरे का एहसास,
कभी आवाज़ से पहले,
कभी छाया से पहले,
हमारे भीतर बसा रहता है,
जैसे कोई गहरी सांस,
जो तब आती है जब हम खड़े होते हैं,
सभी विचारों से परे।

सजगता,
यह कोई भय नहीं,
यह एक अनकहा अलर्ट है,
जो हमारी चेतना में गूंजता है,
और हमें हर कदम में तैयार रखता है,
कभी भी किसी खतरे का सामना करने के लिए।

यह एहसास,
हमारी आत्मा की रक्षा करता है,
जो न केवल अपने लिए,
बल्कि हर उस चुनौती के लिए तैयार रहती है,
जो कभी भी जीवन की राह में आ सकती है।

समाधि: मानसिक संतुलन की स्थिति

जब मन की लहरें शांत हो जाती हैं,
और विचारों का तूफान थम जाता है,
तब एक गहरी शांति का आभास होता है,
यह समाधि की अवस्था है,
जहाँ आत्मा और शरीर का हर तंतु,
सहजता से एक लय में ढल जाता है।

यह संतुलन,
न कोई बाहरी संघर्ष का परिणाम है,
न जीवन के उतार-चढ़ाव का,
यह तो बस भीतर की गहराई में बसी है,
जहाँ हर अनुभव का सही रूप देखा जाता है,
बिना किसी द्वंद्व के।

समाधि,
कभी किसी लक्ष्य की ओर नहीं भागती,
यह तो बस उस क्षण की पूर्णता है,
जहाँ हर श्वास में जीवन का सार निहित है,
जहाँ हृदय की धड़कन,
संसार के सच्चे संगीत से जुड़ जाती है।

यह अवस्था न चिंता से प्रभावित होती है,
न दुखों के जाल में फंसती है,
यह तो एक बेजोड़ संतुलन है,
जो हर परिस्थिति में अनुग्रह से भरी रहती है,
जैसे किसी शांत जल में गिरी एक बूँद,
जो केवल फैलती है, लेकिन कभी लहर नहीं बनती।

समाधि की यह स्थिति,
हमारे भीतर की सबसे गहरी संतुष्टि है,
जहाँ न कोई बेचैनी होती है,
न कोई उथल-पुथल,
केवल एक स्थिरता,
जो हमें जीवन के हर तूफान से पार लगा देती है।

www.ingramcontent.com/pod-product-compliance
Lightning Source LLC
LaVergne TN
LVHW021200160826
845679LV00024B/2177

* 9 7 9 8 8 9 6 9 9 6 0 6 4 *